AF284299

politisch bilden

Hustedter Beiträge zur politischen Bildung

Band 8

Peter Straßer, Janine Kaiser

Mit Null und Eins die Welt gestalten

Ein analoges Nachdenk-Buch zur Digitalisierung

Mit Cartoons von Jennifer Amend-Nolze und Uwe Wilczewski

© 2018 Bildungszentrum HVHS Hustedt

Herstellung und Verlag: BoD – Books on Demand, Norderstedt
Umschlag, Satz und Layout: Karsten Meier, Braunschweig

Bibliografische Information der Deutschen Nationalbibliothek
Die Deutsche Nationalbibliothek verzeichnet diese Publikation
in der Deutschen Nationalbibliografie; detaillierte bibliografische
Daten sind im Internet über www.dnb.de abrufbar.

Printedt in Germany
ISBN 9-783752-857733

Inhalt

Einleitung 7

    Über die Technik – der Mensch und seine Werkzeuge 7

1. Vernetzung nutzen 9

    1.1. Vom Kabel zum Internet – die Wolke ist nur ein Schrank 9

    1.2. Industrie 4.0 – Maschinen bauen (keine) Maschinen 11

    1.3. Über die Arbeitswelt hinaus: Vernetzung der Dinge................................ 14

2. Maschinen lernen 16

    2.1. Daten – Rohstoffe und Rechte.. 18

    2.2 Maschinenlernen lässt Menschen anders lernen 20

3. Digitale Kommunikation 22

4. Solidarität in digitalen Zeiten 24

5. Ausblick: Gewerkschaften im Digitalisierungsprozess 31

„Unsere Erfindungen sind meist schöne Spielsachen, die unsere Aufmerksamkeit vom Wesentlichen ablenken. Sie sind nur verbesserte Mittel zu einem unverbesserten Zweck, der nur allzu leicht zu erreichen war."

Henry David Thoreau

Einleitung

Über die Technik – der Mensch und seine Werkzeuge

Das Thema Digitalisierung ist allgegenwärtig. Ganz praktisch nutzen wir mittlerweile digitale Geräte täglich, suchen mit ihnen nach Lösungen, nach Wegen, nach Anschluss. Digitalisierung erweitert unsere menschlichen Möglichkeiten. Ein Werkzeug, ein Mittel, um einen Zweck zu erfüllen, Ziele zu erreichen. Mehr nicht?

Neu an der Diskussion um Digitalisierung, an dem Hype „unbegrenzter Möglichkeiten" ist, dass wir dabei sind, Werkzeuge zu entwickeln, die wir nicht einfach nur nach unserem Zwecke hin benutzen, sondern die in der Lage sein sollen, selbst, eigen- und ständig Entscheidungen zu treffen und neu hinzuzulernen. Autonome Maschinen, die nächste Stufe der Automatisierung, stecken noch in den Anfängen und dennoch spüren wir ein Unbehagen. Allein die Absicht autonome, also selbstständige, unabhängige, nach eigenen Gesetzen funktionierende Maschinen entwickeln und einsetzen zu wollen, führt dazu, dass auch das Menschsein selbst in den Blickpunkt der Diskussionen um Digitalisierung gerät. Stellt doch die Autonomie, die Fähigkeit sich Ziele zu setzen und selbst zu entscheiden, ein zentrales Merkmal des Menschseins dar. Anders

als Tiere und Pflanzen sind wir nicht auf einzelne Fähigkeiten und Lebensräume festgelegt, können wir natürliche Triebe und Reiz-Reaktionen, Wechselwirkungen und dergleichen mehr hinterfragen, reflektieren. Wir können uns selbst bewusst werden. Und nun?

Sind wir dabei Werkzeuge zu entwickeln, die mehr können als nur unserem Zweck zu dienen. Ein Grund liegt wohl darin, wie schon zu früheren Zeiten, dass wir uns selbst als „Mängelwesen"[1]

---

1   Vgl. Gehlen, A. (1940): Der Mensch Seine Natur und seine Stellung in der Welt.

ansehen. Wir sind nicht perfekt, haben Fehler und Einschränkungen. Wir werden müde und krank, sind manchmal unvernünftig, unberechenbar, launisch und lustig, neidisch und großzügig, aggressiv und antriebsschwach und vieles mehr. Unsere Fähigkeiten Informationen aufzunehmen, zu verarbeiten und zu verstehen sind, wie unsere anderen körperlichen Fähigkeiten auch, begrenzt.

Immer schon war also der Mensch bemüht, durch Einfallsreichtum und Lernen aus der Natur seine Begrenzungen zu erweitern. Neu ist nun aber im Zuge der Digitalisierung, dass Entscheidungen und Lernprozesse selbst Maschinen übertragen werden. Einmal gestartet lernen Maschinen selbst aus Informationen. Die alte „Black Box", die Idee einer Kiste, bei der keiner weiß, was in ihrem Inneren geschieht, kehrt wieder. Dass Mittel selbst wird zum Zweck, die Maschine zum eigentlichen Ziel. Entscheidend wird also sein, dass sich der Mensch über die Ziele im Klaren wird, wozu die eingesetzten Mittel, die digitalen Möglichkeiten, eigentlich dienen sollen.

Das Thema Digitalisierung betrifft somit nicht nur unsere zukünftige Arbeitswelt und die Frage wie wir Dienste- und Produkte herstellen und vertreiben wollen; Digitalisierung stellt die zentrale Frage danach, wie wir leben wollen. Was wir als Gemeinschaft unter einem guten Leben verstehen. Dies gilt es zu klären, sich zu vergegenwärtigen, immer wieder. Nur so können wir Entscheidungen, die im Rahmen der Digitalisierung getroffen werden einordnen, akzeptieren oder ablehnen. Eine Gesellschaft, die sich lediglich auf Entscheidungen von autonomen Maschinen verlässt, ist keine Gesellschaft für Menschen. Sinn und Bedeutung können nur Menschen stiften – „Menschen müssen mit ihren Entscheidungen glücklich werden, Computer nicht."[2]

Ziel und Zweck des Buchs

Ziel des Buches ist es, zum Nachdenken anzuregen, innezuhalten, um den gepuschten Hype zur Digitalisierung mit Abstand zu betrachten. Die gezeichneten Cartoons wollen helfen, den Blick zu weiten, im Text Beschriebenes pointiert zu verdichten und sprichwörtlich zu „überzeichnen". Die inhaltliche Darstellung möchte keine weitere sachliche Darstellung des Themas Digitalisierung in der Arbeitswelt oder der Lebenswelt sein. Hierzu liegt bereits eine Vielzahl von Publikationen vor. Das vorliegende Buch möchte auch keine weitere Stimme im sirenenartigen Chor von Welt- und Wertschöpfungsoptimierern sein. Nein, vielmehr bemüht sich der Text einen weiten Bogen zu spannen, um das Thema in seiner Vielschichtigkeit darzustellen. Entlang der beiden, die Digitalisierung treibenden Aspekte – Vernetzung und Maschinenlernen – sollen weitreichende Veränderungen skizziert und sich verändernde, zentrale gesellschaftliche Aspekte wie Kommunikation und Solidarität näher dargestellt werden.

---

2   Ramge, T. (2018): Mensch fragt, Maschine antwortet. APuZ, 6-8, 2018, S. 20

8

1. Vernetzung nutzen

1.1. Vom Kabel zum Internet – die Wolke ist nur ein Schrank

Vernetzung ist ein Grundprinzip der Natur. Pflanzen, Tiere und auch Menschen betreiben sie seit Jahrtausenden. Das Bereitstellen, Austauschen und Bündeln von Ressourcen, Kräften und Informationen hilft, Anforderungen des (Über-) Lebens zu bewältigen und Entwicklungen und Entfaltung voranzutreiben. Mit der Entwicklung und Verknüpfung von Informationssystemen rückt vor allem die Bedeutung von Informationen, von Daten und letztlich von Wissen in den Vordergrund. Damit verbunden stellt sich die Frage, wer Informationen bereitstellt, verteilt und zugänglich macht.

Entstanden ist das Internet in den 1960er Jahren zunächst aus dem US-Militär und einigen Universitäten heraus. Der Begriff „Internet" selbst tauchte erstmals 1974 auf. Während in den 80er Jahren erste Netzwerkdienste und E-Mail-Möglichkeiten in Deutschland angeboten wurden, erhielt die Mehrheit der Deutschen, nach der Freigabe des Internets zur kommerziellen Nutzung im Jahre 1990, Mitte der 90er Jahre Zugang zum weltweiten Netz.

„Das" Internet als solches gibt es nicht, vielmehr besteht es aus vielen Einzelnetzen, die über Verbindungs-/ bzw. Austauschknoten mittels Glasfaserkabel weltweit miteinander verbunden sind. Entsprechend schwierig ist auch die Frage zu beantworten „wer" eigentlich das Internet regulieren könnte und sollte – Firmen, nationale Staaten oder transnationale Einrichtungen? Was heute als „Cloud", als Wolke beworben wird, ist nichts anderes als ein Schrank mit Rechnern und Kabeln, irgendwo. Nichts schwebt, lediglich die Lüfter summen.

Die Cloud ermöglicht es, von überall auf Daten und Programme zugreifen zu können. Damit verbunden ist auch ein neues Geschäftsmodell. Software und Speichermöglichkeiten werden nicht mehr gekauft und fest auf dem eigenen Rechner installiert. Vielmehr mietet man sich die Möglichkeiten und entrichtet einen monatlichen Betrag, Jahr für Jahr. Neben der rechtlich interessanten Frage, wo der Server steht und welche Datenschutzrechte gelten und anzuwenden sind, erschwert dieser „Service" unter Umständen auch im Betrieb die Möglichkeit für Betriebsräte Änderungen an IT- Systemen durchzusetzen, da sie schlicht in dieser Anwendungsform nicht möglich sind.[3]

DIE WOLKE IST EIN SCHRANK

---

3 Vgl. Wedde, P. (2017): Beschäftigtendatenschutz in der Digitalisierten Welt, FES, S. 7

9

Die weltgrößten Internetknoten liegen in Amsterdam, London und Frankfurt/Main. Während in London Seekabel aus Amerika „an Land gehen", laufen in Frankfurt a. M. Kabel aus Asien, Russland usw. zusammen. Gemessen am Datendurchsatz ist Frankfurt a. M. mit bis zu sechs Terabits[4]/sec. der weltweit größte Knotenpunkt. Nirgendwo sonst auf der Welt laufen mehr Daten durch Kabel und Rechner. Entsprechend groß ist das Begehren diverser Geheimdienste am Datenstrom teilzuhaben, obwohl bestehende rechtliche Regelungen enge Grenzen setzen. Dass man darüber durchaus unterschiedlicher Ansicht sein kann, zeigte sich 2016 als der Betreiber des Austauschknotens – die DE-CIX Management GmbH – wegen Überwachungstätigkeiten durch den BND Klage gegen die Bundesrepublik Deutschland, vertreten durch das Bundesministerium des Inneren, beim Bundesverwaltungsgericht in Leipzig einreichte. Das Verfahren läuft noch (Stand Juni 2018).

Ein Interesse an Daten haben neben Geheimdiensten vor allem Unternehmen, die Internetdienste und -inhalte anbieten bzw. das Internet als Vertriebsmöglichkeit von Waren und Dienstleistungen nutzen. Je mehr Daten gesammelt werden können, so die Hoffnung vieler Unternehmen, umso besser lassen sich weitere „passgenaue" Angebote vermarkten, weitere Kundenkreise erschließen, Trends vorhersehen und letztlich auch besser Produkte und Dienstleistungen verkaufen.

Viele Geschäftsfelder und Tätigkeiten sind daraus entstanden mit dem Ziel einen endlosen Strom individueller Bedürfnisse und Wünsche zu generieren und somit für ein nie versiegendes Wachstum zu sorgen. Wer von ständigen Software Updates geplagt wird, versteht was gemeint ist. Gerade erst hat man sich an die neue Software gewöhnt, wird auch schon ein neues Update eingespielt. Die Folge: „lebenslängliches" Lernen von Dingen, die wir vielleicht nie lernen wollten. Lernen, ein lebensbegleitender individueller Prozess wird, wird so zur beliebigen Pflicht.

Fand Jahrhunderte lang ein Aufeinandertreffen von Angebot und Nachfrage überwiegend auf regionalen Märkten statt, so wird heute nur noch ein kleiner Teil der Waren, die wir täglich konsumieren lokal produziert, angeboten und immer weniger auch lokal gekauft – und vor Ort Steuern entrichtet. Wie früher bedeutet auch heute Vernetzung ein Austausch über Grenzen hinweg. Durch die zunehmende Geschwindigkeit und Menge an Waren und Dienstleistungen, die digital gehandelt werden, hat sich mit der digitalen Vernetzung der Markt insgesamt mit all seinen Notwendigkeiten der Herstellung, Finanzierung und Vermarktung grundlegend verändert. Die Möglichkeit Produkte und Dienstleistungen global anzubieten bedeutet auch sich einer größeren Konkurrenz auszusetzen. Wer mithalten will, muss stets Neues anbieten, innovativ sein. Die vermeintliche „Erneuerung" (lat. innovare) führt dazu in immer kürzeren Abständen Bestehendes einer ständigen Entwertung auszusetzen: Was heute neu ist, ist morgen alt und übermorgen Müll – Innovation als Destruktion.

---

4   Ein Terabit = 1012 bits oder ausgeschrieben: 1 000 000 000 000 bits

Vernetzung bietet die Möglichkeit, einen Austausch über Grenzen hinweg zu ermöglichen, neue Märkte zu erschließen und sich neue Produkte und Möglichkeiten anzueignen. Zugleich bedeutet es aber auch, Produktions- und Konsumtionsprozesse zu beschleunigen und den Ressourcenverbrauch zu erhöhen. Nicht zuletzt benötigt die Bereitstellung von digitalen Netzen selbst, (Knoten, Leitungen und Servern etc.) erhebliche Mengen an Energie[5] und Rohstoffen. Ohne Vernetzung, ohne den weiteren Ausbau von Netzwerken wäre jedoch eine die Lebens- und Arbeitswelt durchdringende Digitalisierung nicht möglich. Schwingt mit dem Digitalisierungsbegriff ein Hauch von Entstofflichung mit, so erdet die Erkenntnis aus frühen Computerkursen der 80er Jahre als man noch darauf hinwies: Ohne Hardware keine Software.

1.2. Industrie 4.0 – Maschinen bauen (keine) Maschinen

„Industrie 4.0" ist die konsequente Vernetzung aller an der Produktion bzw. Dienstleistung beteiligter Prozesse, Materialien, Maschinen und Menschen. Vom Design des Angebots, dem Auftragseingang über die Materialbeschaffung, die Produktion bis hin zum Vertrieb. Selbst bei der Personalsuche können Plattformen, Such- und Auswahlalgorithmen behilflich sein. Es muss nicht mehr alles in einem Betrieb, in einem Unternehmen gemacht, produziert, bereitgestellt werden. Vieles kann zerlegt, ausgegliedert und vergeben werden. Nach Überall. Nach überall wo man glaubt, dass es billiger, schneller – vielleicht auch besser gemacht werden kann. Horizontale Wertschöpfung nennt man das. Sie reicht bis dorthin, wo die Sonne untergeht. Dort wird gearbeitet während wir schlafen –

und umgekehrt. Wer nicht verschlafen will, sollte früh aufstehen, lange wach bleiben und bereit sein. Die Festlegung täglicher Arbeits- und Ruhezeiten erscheint da wie aus einem anderen Jahrhundert, Jahrtausend. Wer Arbeitnehmenden vorschreiben will wann sie E-Mails lesen, Anfragen oder Telefonate beantworten, wird als „Freiheitsentzieher", „Familienglückbehinderer" und dergleichen mehr gebrandmarkt. Wir wollen frei entscheiden wann und wie lange wir uns verausgaben und vermarkten. Koste es was es wolle. Crowd[6]- und Klickworker sind die neuen Formen der Beteiligung. Wer will kann sich auf einer Plattform[7] anmelden und sich um Klein- und Kleinstaufträge bewerben – völlig frei. Keine Sozialabgaben.

---

5   Vgl.: https://www.umweltbundesamt.de/themen/energieverbrauch-von-rechenzentren-keine-peanuts
6   Vgl. https://www.boeckler.de/pdf/p_study_hbs_323.pdf
7   Z. B. https://www.mturk.com/

Clickworker

Es wird selten zum Leben und schon gar nicht für die Rente reichen. Es verdeutlicht aber den Trend, sich mit mehreren (Neben-) Jobs den Lebensunterhalt zu finanzieren bzw. die Möglichkeit für Unternehmen Aufgaben aus dem Betrieb auszulagern und den Druck auf die Belegschaft im Betrieb zu erhöhen.

Die skizzierten technischen Möglichkeiten digitaler Vernetzung bergen das Potential, Beschäftigungs- und Lohnstrukturen grundlegend zu verändern – on Demand, abgerechnet im Stundentakt ohne Festanstellung, ohne Tarif, flexibel. Jeder vertritt sich selbst, alleine. Digitalisierung beschleunigt die Ökonomisierung.

Die Arbeitnehmenden konkurrieren aber nicht nur untereinander, Vernetzung sei Dank weltweit, immer mehr konkurrieren Menschen mit Maschinen. Weltweit sind derzeit ca. 1,5 bis 1,75 Mio. Roboter im Einsatz (vor allem in Japan, Korea und Deutschland). Prognosen gehen von ca. vier bis sechs Mio. bis im Jahr 2025 aus. Davon ausgehend, dass ein Roboter zehn Jahre lang läuft, 16 Stunden am Tag in Betrieb ist und lediglich zwei Wochen im Jahr still steht, rechnet man mit Betriebskosten von ca. zwei Dollar pro Stunde.[8] Damit können Arbeitnehmende nicht konkurrieren. Betroffen sind vor allem Tätigkeiten, die immer wiederkehrend sind, die vorhersehbar, in Einzelschritte zerlegbar und damit programmierbar sind. Diese Phase der Digitalisierung wird auch als „nachholende" Digitalisierung[9] bezeichnet. Konsequent eingeführt wird sie einige tausend Arbeitsplätze kosten. Weitaus tiefgreifendere Veränderungen werden erwartet, wenn die eingeführte Automatisierung selbst automatisiert, autonom wird. Wenn Steuerungsalgorithmen in der Lage sind, selbst Schlüsse aus Ergebnissen zu ziehen – wenn sie selbst lernende Systeme werden (vgl. Kapitel „Maschinen lernen"). Dann stellt sich fundamental die Frage „Wer steuert wen"? Menschen Maschinen oder Maschinen Menschen? Dann wird zu

Raucherpause

fragen sein, wer verantwortlich ist, wenn Maschinen berechnen, Arbeitsprozesse und Handlungen vorschlagen, die der Mensch dann ausführt oder aber sich dagegen entscheidet. Auf eigene Verantwortung. Wer schützt vor Fehlentscheidungen, vor Fehlentwicklungen? Wer überblickt dann noch wo, an welcher Stelle mit welchen Informationen Entscheidungen getroffen wurden? Wir werden darauf zurückkommen.

---

8 http://www.20min.ch/finance/news/story/Ein-Roboter-kostet-Fr-4-45--pro-Stunde---und-Sie--19775617
9 Vgl. Schröder, W. (Hg.)(2017): Autonomie des Menschen. Autonomie der Systeme.

Schon jetzt, im Zuge (nachholender) digitaler Automatisierung müssen sich arbeitende Menschen an Maschinen anpassen, indem ihr Arbeitsplatz entsprechend gestaltet wird bzw. bestimmte Arbeitsmittel verwendet werden müssen (wie z. B. GPS-Tracker, Tablets, Smart- oder VR-Brillen, kollaborierende Roboter etc.). Viele der neuen Arbeitsmittel erleichtern das Arbeiten, bieten Orientierung und Hilfen, reduzieren körperliche Belastungen und dergleichen mehr. Dabei gilt es im Auge zu behalten, dass bei der Nutzung digitaler Arbeitsgeräte anfallende Daten nicht im Zuge einer „Zweitverwertung" nebenbei zur Verhaltens- und Leistungskontrolle von Beschäftigten genutzt werden. Zur Verbesserung, natürlich.

Allein die Wortschöpfung und die mediale Berichterstattung über „Industrie 4.0" weist zur Zeit auf eine einseitige, auf Besserverwertung und Optimierung von Produktionsprozessen gerichtete Ausrichtung hin, wie folgende Definition zeigt: *„Durch die Verbindung von Menschen, Objekten und Systemen entstehen, echtzeitoptimierte und selbst organisierende, unternehmensübergreifende Wertschöpfungsnetzwerke, die sich nach unterschiedlichen Kriterien wie bspw. Kosten, Verfügbarkeit und Ressourcenverbrauch optimieren lassen" (acatech zit. nach Kornwachs 2017[10]).* Es liest sich wie eine Gebrauchsanweisung – aber wozu? Selten wird Digitalisierung im Rahmen einer bewusst gestalteten gesellschaftlichen Transformation thematisiert. Vielmehr scheinen wirtschaftliche Zwänge und Ängste die Entwicklung zu treiben. Das Potential zur Entlastung und Arbeitszeitverkürzung bei doch gleichzeitig zu erwartender Produktivitätssteigerung erscheint geradezu obszön. Nein, obwohl davon auszugehen ist, dass viele Arbeitsplätze abgebaut und einige neue, mit höheren qualifikatorischen Anforderungen entstehen werden, bleibt das „gesellschaftliche Gestaltungspotential" der Digitalisierung merkwürdig unausgeschöpft. Das alleinige Hineinwerfen des Begriffs „Bedingungsloses Grundeinkommen"[11] in die Diskussion zur Digitalisierung enthält keinen Hoffnungsschimmer, vielmehr verdeutlicht es Phantasielosigkeit und Unterschätzung des „In-Arbeit-Seins" für die Herausbildung und Stabilität des Selbstbilds, die eigene Wertschätzung und Anerkennung. Wenn Unternehmensleiter großer Firmen wie Siemens, Telekom, SAP, dm usw. zu Verfechtern eines Bedingungslosen Grundeinkommens werden, lässt es aufhorchen. Es ist ein Versuch, sich auf weniger Arbeitnehmende einzustellen und möglichen Unmut entgegenzuwirken, um Rationalisierung durch Digitalisierung nicht zu bremsen.[12]

Um eine weitere Spaltung der Gesellschaft durch die Etablierung digitaler Dienstleistungs-, Produktions- und Geschäftsprozesse nicht voranzutreiben, sind weitreichende Bemühungen im Bildungsbereich notwendig. Nebensätze, die eine Aus- und Weiterbildung für Arbeitnehmende fordern, sagen wenig darüber aus, wie Menschen höhere qualifikatorische Anforderungen

---

10 Kornwachs, K. (2017): Der Herr der Dinge oder warum wir unsere Geschöpfe an die Hand nehmen sollten. In: Schröder, W. (2017), a.a.O., S. 46

11 Vgl. Bothfeld, S. (2018): Mit dem Grundeinkommen gegen den Sozialstaat? In: Blätter für deutsche und internatio-nale Politik, H. 2, 2018, S. 33-36

12 Vgl. http://www.wirtschaft-fuer-grundeinkommen.com/

bewältigen können. Es fehlt an gesicherten methodischen und didaktischen Wissen, wie komplexe, sich stets wandelnde Anforderungen vermittelt werden können. Höherqualifizierung ist nicht einfach die Antwort auf die Anforderungen der Digitalisierung, sie ist selbst eine entscheidende Frage mit bisher wenig Antworten. Jeder Mensch besitzt Potential, Möglichkeiten und auch Grenzen. Es stellt sich daher im

Rahmen der Digitalisierung auch die Frage, wie wir Bildungschancen und -prozesse verbessern und mit Lern- und Leistungsgrenzen umgehen wollen.

1.3. Über die Arbeitswelt hinaus: Vernetzung der Dinge

Stand zunächst die Verbindung einzelner Rechner und Rechenzentren im Vordergrund des Netzausbaus, rückt mit dem „Internet der Dinge (internet of things/ IoT)" die Vernetzung möglichst

vieler elektronischer Objekte in der Produktion aber auch im täglichen Leben in den Vordergrund. Vom Automobil, das autonom fährt bis hin zur Zahnbürste, die nach Verschleiß automatisch neue Bürstenköpfe bestellt. Nachdem unser Telefon zum „Smartphone" wurde, wird nun alles weitere auch „smart": das Zuhause mit seinen Gerätschaften (smart home), das Strom- und Gasnetz (smart Grid), der Stromzähler im Keller (smart meter), die Fabrik (smart factory), die Stadt (smart city) usw. Die Vernetzung verspricht Erleichterung, Zeitersparnis, Befreiung von der lästigen Mühsal des täglichen Lebens. Einkaufen müssen wir nur noch selten selbst. Putzen, Rasenmähen, pflegen erledigen Roboter. Rollladen, Licht, Heizung, Kaffee-, Wasch- und Spülmaschine steuern Apps. Fernseher, Stereoanlage und Spielkonsole erkennen, wie wir uns fühlen und was wir gerade brauchen. Das Paradies scheint wieder einmal möglich, nah.[13]

Das Internet der Dinge kennt uns. Und mit jedem neuen Gerät besser. Der Staubsauger weiß, wie groß meine Wohnung ist, wo was steht.[14] Alexa findet, was ich suche und kennt meine Musik- und Filmwünsche. Bis 2020 wird damit gerechnet das über 50 Milliarden Objekte bzw.

---

13 Gorz, A. (1984): Ins Paradies – aber mit den Gewerkschaften! In: Prokla, H. 55, Juni 1984, S.10ff.
14 Vgl. http://www.zeit.de/digital/datenschutz/2017-07/roomba-staubsauger-roboter-daten-wohnung-verkaufen

14

Geräte, die senden und empfangen miteinander vernetzt sind.[15] Mit unseren Geräten fühlen wir uns verbunden, nun auch vernetzt. Oder negativ betrachtet, gefangen in einem engmaschigen Netz, online – an der Leine. Je mehr Geräte miteinander verbunden sind, umso mehr wächst auch die Gefahr einer systematischen Beeinträchtigung durch Störungen bzw. Angriffe. Einen Einblick in die Möglichkeiten von Störungen konnte man im Oktober

2016 erhalten als mehrere Millionen vernetzter Geräte (z. B. Webcams, Haushaltsgeräte) gehackt und für einen Botnetzangriff [16]genutzt wurden. Mehrere große Webdienste waren daraufhin mit Anfragen überlastet und nicht zu erreichen. Das Problem waren unzureichende Sicherheitsvorkehrungen (z. B. Passwörter) der Gerätehersteller. „Wir müssen das Internet vor dem Internet der Dinge retten"[17] forderte wenige Wochen zuvor noch ein IT-Sicherheitsexperte – zu spät.

Je mehr Funktionen in einem Gerät zusammengeführt bzw. mit einem Netzwerk verbunden sind, umso mehr wächst auch die Anfälligkeit für Systemstörungen. War früher ein Telefon defekt, konnte man nicht mehr telefonieren. Heute treibt ein Defekt des Smartphones Schweißperlen auf die Stirn des Besitzers, kann er nun doch nicht mehr auf seine Fotos, seine Mails, seine Adressen, Kontakte, Nachrichten, Termine, Karten, Apps und dergleichen zugreifen. Das Zusammenlegen mehrerer Funktionen in einem Gerät bedeutet zugleich auch das Verschwinden zuvor spezialisierter Unternehmungen von Produkten mit nur einer Funktion.

Wurden früher Fotos mit einem Fotoapparat gemacht und separat entwickelt, werden heute mehr Fotos insgesamt und vor allem mit dem Smartphone angefertigt. Ausgedruckt wird kaum noch. Schon sorgt man sich um das „fotografische Gedächtnis", vorbei die Zeiten geplanter Diaabende, regalbiegender Alben und selbstklebender Fotoecken. Langlebiges Fotopapier war gestern. Heute gibt es mehr Daten denn je, wer aber kümmert sich um deren Erhalt, synchronisiert seine Bilder mit jeder weiteren Welle technologischer Entwicklungen? Wo sind die Daten früherer 5,25" oder 3,5" Disketten? Verfällt unser kulturelles Erbe in digitale Zeichen – Null und Eins?[18] Früher in der Schublade, werden heute Erinnerungen, Daten geteilt und irgendwo, man weiß nicht wo gespeichert. Nicht besitzen, sondern nutzen heißt die Losung. Klingt gut, für viele ein neues Geschäft. Wir lagern aus: CD, Platten, Bücher, Texte, Bilder, Speicher, Termine, Nachrichten. Man spricht vom Teilen, meint oft aber überantworten: „Das hab ich dir doch geschickt?!"

---

15 Eberl, U. (2016): Smarte Maschinen. Wie künstliche Intelligenz unser Leben verändert. S.57
16 Von einem Botnetz spricht man, wenn unbemerkt installierte Schadsoftware dazu genutzt wird Rechner fernge-steuert für Angriffe auf andere Rechner zu benutzen bzw. Server zu überlasten.
17 Binsch, J. (2016): Angriff der Kühlschränke. In: Das Netz 2016-2017, S.18
18 Osten, M. (2004): Das geraubte Gedächtnis. Digitale Systeme und die Zerstörung der Erinnerungskultur. S.72

2. Maschinen lernen

Wie kam es nur zu alle dem? Elektronische, programmierbare Datenverarbeitung gibt es doch schon seit Jahrzehnten.[19] Woher der Hype um Digitalisierung, das Ausrufen gar einer „vierten Revolution"? Kein Tag, an dem nicht ein Zeitungsartikel zur Digitalisierung zu finden ist. Keine Woche ohne Tagung zum Thema. Kein Jahr ohne weitere „bahnbrechende" Entwicklungen, die den Menschen mit seinen Fähigkeiten in Frage stellen. Maßgeblich beteiligt an der Euphorie sind sicherlich Fortschritte in der Halbleitertechnik, der Miniaturisierung[20] von Leiterplatten, (Quanten-)Prozessoren, Transistoren und dergleichen. Sie ermöglichen eine Steigerung der Informationsverarbeitungskapazität auf immer kleinerem Raum – mehr Daten in kürzerer Zeit. Ein Rechner der schnell ist, kann mehr erledigen. Kann mehr Daten abrufen, nach Mustern und Ähnlichkeiten suchen und daraus Lösungen generieren. Wer in Sekundenbruchteilen das Internetlexikon Wikipedia durchsuchen kann, ist klar im Vorteil, wenn es um Antworten auf Quizfragen geht.

Noch interessanter wird es jedoch, wenn Rechner aufgrund ihrer Leistung und Programmierung in der Lage sind, nicht nur Antworten auf gestellte Fragen zu geben, sondern selbst Schlüsse zu ziehen und die weitere Datenverarbeitung daran auszurichten. Mit der Einführung solcher „autonomer Software Systeme" (ASS)[21] stellt sich dann auch im Betrieb für Interessenvertreter und Betriebsräte die Frage: „Wie lässt sich ein autonom lernendes und arbeitendes System überhaupt noch mitbestimmen"? Sollte man es von Beginn an verhindern? Die Überwachung an externe Experten übergeben?

Mitbestimmen wird komplexer, auch im privaten Bereich. Einmal im Internet nach Sportschuhen gesucht, werde ich seitenweise von ihnen verfolgt. Immer wieder werden sie in Werbebannern eingeblendet. Auf welcher Seite ich mich auch gerade bewege – die Sportschuhe sind schon da. Ich kann es kaum verhindern.

---

19 Vgl. http://www.konrad-zuse.de/
20 Vgl. https://de.wikipedia.org/wiki/Mooresches_Gesetz
21 Vgl. Schröder, W. a.a.O. S. 192

16

Mittlerweile geht man davon aus, dass über ein Drittel[22] aller Verkäufe durch solche programmierten Verkaufsempfehlungen angestoßen werden. Solche Programmierungen, Algorithmen, bilden einen zentralen Punkt in der Diskussion um Digitalisierung. Die einprogrammierte Fähigkeit der Weiterentwicklung des Programms wird auch als „künstliche Intelligenz"(KI) bezeichnet. Sie verspricht die eigentliche Revolution bzw. den Höhepunkt einer langwierigen Evolution elektronischer Datenverarbeitung. Je mehr Daten ein System erhält, je mehr Feedback-Schleifen von einem Programm durchlaufen werden – z. B. durch Suchanfragen – desto besser werden die Ergebnisse, die Treffersicherheit, die Mustererkennung und damit auch die Fähigkeit von Vorhersagen.

Vorhersagen, klingt gut. Ein Traum aus frühen Zeiten der Menschheit. Damals war das Orakeln aus Innereien, Knochen, Asche usw. gefragt. Wer es konnte, hatte eine besondere Stellung in der Gemeinschaft, wie heute auch noch. Immer schon wollte der Mensch wissen was kommt, morgen oder demnächst. Unsicherheit erleben wir als bedrohlich. Zugleich beinhaltet sie aber immer auch Möglichkeiten, Gestaltbarkeit und das Gefühl des Machbaren, der Hoffnungen und Illusionen. Aber gerade diese Unsicherheiten möchte man nun mit Rechnern, ihren Kapazitäten und Algorithmen eingrenzen und minimieren. Das Risiko soll gemindert, Kosten-Nutzen-Verhältnisse verbessert werden. Keiner möchte Menschen mit Produkten bewerben, die sie wohl niemals kaufen werden. Es muss besser werden, zielgerichteter, effizienter. Wann und wo lohnt es sich noch, Wähler kurz vor der Wahl persönlich aufzusuchen und anzusprechen? Lässt man nicht besser eine Polizeistreife dort umherfahren, wo das nächste Verbrechen erwartet wird. Lohnt sich noch eine teure Operation oder Medikation[23] wenn doch der Patient wahrscheinlich in den nächsten drei Monaten sowieso stirbt? Ist es nicht besser Versicherungsprämien individuell, je nach Risiko zu gestalten? Ist es nicht effektiver Verkaufspreise nach individuellen Zahlungsmöglichkeiten anzubieten? Rationalisierung beinhaltet immer auch eine Mangelverwaltung.[24] Wo Überfluss vorhanden ist, muss nicht optimiert werden.

Technischer Fortschritt[25] ist immer schon mit dem Anspruch angetreten für mehr zu sorgen: mehr Frei- und Lebenszeit, mehr Gesundheit, mehr Verwirklichungsmöglichkeiten, mehr Teilhabe und der Gleichen mehr. Wir besitzen mehr und können mehr konsumieren und zugleich fehlt uns doch die Zeit, die Errungenschaften wirklich zu nutzen. Lesen war gestern, überfliegen, scrollen und „speed reading" sollen heute helfen mehr zu bewältigen. Wir sind erschöpft, brennen aus und fühlen uns leer. Im Raum der unendlichen Möglichkeiten wissen wir kaum noch wer wir sind, fühlen uns ständig im Werden ohne zu sein.[26]

---

22 Vgl. Ramge, T. (2018): Mensch fragt, Maschine antwortet. APuZ, 6-8, 2018, S. 16
23 Helle, L. (2016): Predictive Healthcare: Medizin im Datenrausch. In: Das Netz 2016-2017, S.15
24 Jünger, F.G. (1944/2010): Die Perfektion der Technik. S. 19
25 Illner, M.; Winzen, M. (Hg.)(2016): Technische Paradiese. Die Zukunft in der Karikatur des 19. Jahrhunderts
26 Vgl. Keupp, H. (2017): Die erschöpften Subjekte und die Revolution Arbeit 4.0. In: Schröder, W. (2017) a.a.O. S. 157ff.

17

Die Angebote werden feiner, individueller oder wie ein Autor[27] schreibt: „granularer" – aufgelöster. Gemeinsamkeiten zu finden wird damit immer schwieriger, wird doch der Unterschied betont. Sich abzugrenzen, zu unterscheiden wird leichter, besser bedient. Wir werden zum Konfigurator, können uns individuell gestaltet Auto, Müsli, Schuhe, Strümpfe, Geschirr und vieles mehr bestellen. Keine Massenware, Losgröße Eins – alle können das. „Individuelle Vermassung"[28] nannte man diesen Trend schon im Jahre 1980. Dass daraus, wenn sich der Einzelne nicht mehr als Teil einer Masse wahrnimmt, auch Probleme der Solidarisierung entstehen, werden wir im Kapitel Solidarität näher beleuchten.

Die Möglichkeit große Mengen an Daten zu generieren und auszuwerten, bietet natürlich beides, Chancen und Risiken. So wird sich jeder darüber freuen, wenn ärztliche Diagnosen sich verbessern dank Algorithmen, die mehr Daten heranziehen, vergleichen und auswerten können. Oder wenn Anwendungen die Möglichkeiten bieten, teils kostenlos juristische Expertise[29] zu nutzen und Rechte durchzusetzen. Künstliche Intelligenz verstanden als Erweiterung unserer eigenen Fähigkeiten. Der Mensch nutzt die Möglichkeiten und entscheidet – „augmented decision making". Aber ist nicht das Ziel von Automatisierung die Reduzierung von Entscheidungen? Kurzum die zentrale Frage wird sein, was sollten wir noch selbst entscheiden?

2.1. Daten – Rohstoffe und Rechte

Mit der Nutzung digitaler Möglichkeiten drängen sich noch weitere, grundlegende gesellschaftspolitische Fragen auf. Das Recht auf Eigentum und Verwertung wird mit zunehmender Digitalisierung unseres Lebens neu auszulegen und zu beantworten zu sein. Denn wem gehören die Daten eigentlich? Demjenigen, der die Daten erzeugt, dem einzelnen Menschen, oder demjenigen, der Systeme zur Datenerfassung, Speicherung oder Auswertung bereitstellt? Wenn Daten der neue Rohstoff des 21. Jahrhunderts sind, sind Fragen der Datenerhebung und -nutzung zugleich auch entscheidende Machtfragen. Können Daten von Millionen Bürgern Privateigentum sein? Gehört der „Rohstoff" der Zukunft nicht allen, ein Gemeingut, insbesondere dann, wenn damit die Gestaltung und Teilhabe vieler mitentschieden wird. Brauchen wir nicht mehr Offenheit, mehr „Open Source" mitgestaltbare Grundlagen, mehr „Wikipedia", „Linux" usw. Die Möglichkeiten sind vorhanden. Mehr denn je. Wir sollten sie nutzen, sonst nutzen sie andere, wenige.

Aber nicht nur die anfallenden Daten werfen Fragen nach demokratischer Kontrolle und Mitbestimmung auf. Auch die Algorithmen selbst. Nach welchen Kriterien erzeugen sie eigentlich Daten, suchen nach Mustern und Ähnlichkeiten, stellen sie Informationen bereit? Reicht es als Unternehmen, diese als Betriebsgeheimnis der Öffentlichkeit zu entziehen? Bräuchten

---

27 Kucklick, C. (2016): Die Granulare Gesellschaft.
28 Vgl. Anders, G. (1984): Die Antiquiertheit des Menschen. S. 181
29 Vgl. Vgl. Ramge, T. (2018): Mensch fragt, Maschine antwortet. APuZ, 6-8, 2018, S. 17

wir nicht ähnlich der heutigen Betriebs- und Steuerprüfer öffentliche Prüfer, „Algorithmisten“, die auf demokratische, diskriminierungsfreie Datenerzeugung und -auswertung achten?[30] Am Anfang jeder Programmierung steht immer die Zuweisung welche Werte ein System leiten. In einer Demokratie sollten leitende Werte immer das Ergebnis von Diskurs und Teilhabe sein und von einem Konsens vieler getragen werden.

Die Umfänglichkeit mit der die elektronische Datenverarbeitung unser Leben heute umgibt, macht es notwendig Demokratie, Teilhabe, Freiheit usw. neu zu bedenken. Wir alle wissen, dass anfallende Daten, die wir zwangsweise[31] erzeugen, irgendwo gespeichert werden. Wir wissen auch, dass trotz Datenschutz garantierte Sicherheit nicht besteht. Allein das Wissen um Unsicherheiten lässt – auch unbewusst – eine „Schere im Kopf“ entstehen. Wer weiß, dass das, was er am Telefon spricht, in E-Mails schreibt, in Suchmaschinen eingibt, Orte die er mit seinem Smartphone oder Auto besucht, elektronische Bestellungen, Newsletter, vernetzte Haushaltsgeräte und vieles mehr ausgewertet und verwertet werden kann, verhält sich anders. Oder aber glaubt, dass keiner Nutzen aus alledem ziehen kann, kein Geschäft sich lohnt, die großen Internetunternehmungen wie Facebook oder Amazon wohltätige Einrichtungen sind. Dabei, jeder braucht Geheimnisse[32], für die Ausbildung der eigenen Identität, zur Selbstabgrenzung, als Autonomieerlebnis. Wir wollen entscheiden wen wir „einweihen“, einen besonderen Status zusprechen, Bedeutung verleihen. Wer nichts zu verheimlichen, kein zuhause mehr hat, wo er zu sich selbst findet, ist nackt und von der Zuschreibung anderer abhängig.

Grenzen

Wenn Maschinen die Fähigkeit entwickeln, selbst zu lernen braucht es Grenzen. Grenzen, die im System schon angelegt sind. Einer der ersten, der sich damit auseinander gesetzt hat, war Isaac Asimov. In einer Kurzgeschichte beschrieb er zunächst drei „Grundregeln des Roboterdienstes“. Später führte er ergänzend das „Nullte Gesetz“ ein, modifizierte die anderen drei Gesetze entsprechend:

0. Ein Roboter darf die Menschheit nicht verletzen oder durch Passivität zulassen, dass die Menschheit zu Schaden kommt.

---

30 Vgl. Kucklick, C., a.a.O. S. 169
31 So lohnt sich einmal der Selbstversuch, eine Woche lang im Alltag keine Daten zu erzeugen.
32 http://www.zeit.de/zeit-wissen/2013/06/geheimnisse/komplettansicht

1. Ein Roboter darf keinen Menschen verletzen oder durch Untätigkeit zu Schaden kommen lassen, außer er verstieße damit gegen das nullte Gesetz.

2. Ein Roboter muss den Befehlen der Menschen gehorchen – es sei denn, solche Befehle stehen im Widerspruch zum nullten oder ersten Gesetz.

3. Ein Roboter muss seine eigene Existenz schützen, solange dieses sein Handeln nicht dem nullten, ersten oder zweiten Gesetz widerspricht.[33]

Dass die Gesetze nicht perfekt sind, zeigt sich darin, dass mit dem Nullten Gesetz die Möglichkeit besteht, dass ein Roboter die Menschheit vor sich selbst beschützen könnte und damit nicht mehr den Befehlen von Menschen unterstellt wäre. Aber nicht nur in der Begrenzung der Entwicklungsmöglichkeiten von Algorithmen, von Künstlicher Intelligenz liegen ungelöste Pro-

bleme. Auch wie der Mensch sich entwickeln wird, wenn Maschinen selbst lernen und autonom agieren können, ist ungeklärt und bedarf mit zunehmender Entwicklung technischer Möglichkeiten neuer Antworten.

2.2 Maschinenlernen lässt Menschen anders lernen

Der Mensch lernt, eingebunden in eine soziale Gemeinschaft, in dem er zunächst sich selbst und später die ihn umgebende Welt begreift. Wir nutzen unsere Arme und Hände um Dinge zu fassen, zu greifen. Wir brauchen die körperliche Auseinandersetzung, die Aneignung der Dinge, um Begriffe, Worte und ihre Bedeutungen zu verstehen und nicht sprachlos zu bleiben. Kurzum: Denken ist Handwerk[34]. Unsere tätige Auseinandersetzung bildet die „Möblierung unseres Geistes"[35]. Ohne greifen, fühlen, riechen, schmecken, hören, sehen verstehen wir die Welt nicht. Was aber geschieht, wenn zwischen Tätigkeit und Welt Werkzeuge, und immer mehr, digitale Maschinen vermitteln?

---

33 Vgl. https://de.wikipedia.org/wiki/Robotergesetze#cite_note-2
34 Kaeser, E. (2011): Kopf und Hand. Von der Unteilbarkeit des Menschen. S. 30
35 Vgl. Leontjew, A.N. (1973): Das Problem der Tätigkeit in der Psychologie. S. 422 online: http://www.ich-sciences.de/media/texte/Leontjew1973.pdf

Beim Hammerschlag spüren wir noch die Vibrationen des Stiels in unserer Hand. Wir sind verbunden mit der Idee, der Ausführung und der Reaktion – wir steuern, sind Verursacher, Handlungsträger. Mit den Schlägen formen wir das Material, unsere Muskeln, unsere Erfahrung und das Können. Wir lernen. Etwas über uns, unsere Fähigkeiten und etwas über das Werkzeug und das Material. Je mehr wir aber die Werkzeuge aus der Hand geben, Maschinen anvertrauen, umso mehr entfernen wir uns auch von der beschriebenen unmittelbaren Erfahrung im Umgang mit Werkzeug und Material. Wir geben die Werkzeuge aus der Hand, lediglich Finger auf Tasten und Scheiben halten noch die Verbindung bis wir letztlich nur noch sprechen. Mit Sprache steuern. Bis vielleicht ein Problem auftritt – zwischen Maschine und Material. Nun müssen wir reparieren können, mit Wissen und Erfahrung. Wissen können wir uns besorgen, Können müssen wir uns aneignen. Durch umgehen mit den Dingen, durch üben, immer wieder.

Wenn Maschinen nun autonom werden, selber lernen und Entscheidungen treffen, fehlt uns die Erfahrung, auf die wir zurückgreifen können. Die Maschine hat sie gemacht, wir vollziehen nach und versuchen zu verstehen, was wir nicht gemacht und entschieden haben. Wir haben uns entfernt von der direkten Auseinandersetzung mit dem Material – wir kontrollieren, steuern, programmieren. Wenn Maschinen lernen, verändert dies auch das Lernen der Menschen. Umso weniger wundert es, wenn Forderungen aufkommen, schon im Kindergarten programmieren zu lernen – also den dritten Schritt vor den ersten beiden zu tun. Besser also erst tun, begreifen, sprechen und denken, um später Maschinen zu lenken. Wer fliegen muss, wenn der Autopilot ausfällt, muss fliegen können.

3. Digitale Kommunikation

Schon immer will der Mensch sich mitteilen, sich selbst mit anderen und der Welt austauschen und verbinden. Wer mit anderen spricht erhält Antwort, Rückmeldungen auf das Gesagte. So weiß man wo man steht in einer Gemeinschaft. Jeder braucht das. Für sich und seine Entwicklung. Ohne die Anderen sind wir uns selbst los. Was ändert sich nun mit der Digitalisierung? Die Möglichkeiten des Austauschs werden größer. Schnell lassen sich Entfernungen überbrücken und Zeit verkürzen. Wir müssen nicht mehr lange auf Antworten warten, Brieftauben füttern oder vor Briefkästen lungern. Jederzeit können wir mit Menschen auf der Welt kommunizieren, in Schrift, Bild und Ton ohne ihnen begegnen zu müssen. Unsere Freunde können überall sein. Wir müssen nicht mehr warten und uns an einem bestimmten Ort treffen. Überall können wir mitteilen, was wir gerade essen, denken, sehen, tun usw. Sich mitteilen, wird zum Dauerzustand, zum festen Bestandteil, egal was wir gerade tun. So kommunizieren wir mittlerweile zeitgleich mit anderen irgendwo während wir mit unserem Gegenüber sprechen. Mit der Erkenntnis: *„Wer zuhören will, muss weg hören um hinzuhören"*[36] hat das wenig zu tun. Die digitale Kommunikation verspricht uns mehr Möglichkeiten, mehr Teilhabe. Was könnten wir alles? Mit den Möglichkeiten wächst aber auch die Anzahl der Entscheidungen und mit den Entscheidungen der Bedarf nach Informationen. Doch auch hier drängt die zunehmende Fülle nach Auswahl, rational, was aber anstrengend ist, kritisch prüfen, abzuwägen und dergleichen mehr. Also entscheiden wir emotional.

Fakten, Fake und Blasen

In einem vermeintlichen „postfaktischen" Zeitalter verlieren Fakten ihre „Überzeugungsaura". Sie stehen beziehungslos neben weiteren Ansichten, Überzeugungen und Meinungen. Ihre vermeintliche Objektivität wird ihnen zum Verhängnis: Sie berühren viele nicht mehr. Fakten werden als weitere Informationen in einem endlosen Strom in einer komplexen Welt wahrgenommen, mehr nicht. Es fehlt der Anschluss, das „mich in Beziehung setzen mit der Welt", es fehlt Geborgenheit. Wenn Informationen und Möglichkeiten zunehmen, entsteht zugleich der Wunsch nach Reduktion, nach Entlastung im vermeintlich Geteilten. Wer Fakten alleine für sich sprechen lässt, bleibt unerhört. Das vermeintliche objektive Faktum setzt die Bereitschaft voraus, sich mit dem präsentierten Inhalt auseinander zu setzen. Es bedarf der Motivation, dem lateinischen „movere", dem Bewegtsein. Hier zeigt sich der Anschluss zur Emotion – der „motio" dem Antrieb, der Energie. Ohne sichtbaren persönlichen Bezug, einer Anschlussmöglichkeit wird die Bereitschaft und die Energie zur Auseinandersetzung nicht ausgelöst. Das Faktum scheitert an seiner „Objektivität", perlt gleichsam ab, verhakt sich nicht, dringt nicht durch zu uns.

---

36 Zitat aus einem Vortrag des Heidelberger Philosophen Hans Georg Gadamer aus dem Jahre 1996, Reiss Museum Mannheim

Neben der Fülle und dem fehlenden persönlichen Bezug dazu ist es die Gestaltungsmöglichkeit digitaler Kommunikation selbst, die Mißtrauen gegenüber Informationen erzeugt. Jeder kann heute selbst Informationen und Nachrichten erstellen und viele Menschen damit erreichen. In Foren, Blogs, Tweets, Internetseiten und vielem mehr können Menschen Informationen mit anderen teilen, sie über Abos und Newslettern an ihren Ideen, Vor- und Einstellungen teilhaben lassen. Selbst Nachrichtenagenturen beobachten ständig, welche Neuigkeiten von vielen geteilt und verfolgt werden. Das Erreichen vieler und damit auch die kommerzielle Bedeutung mittels Werbemöglichkeiten wird zum zentralen Faktor bei der Informationsauswahl. Das kritische Prüfen und Absichern von Informationen über möglichst viele verschiedene Quellen stellt nur noch ein Merkmal von vielen dar. Das Herausarbeiten von Interessen und verschiedenen Blickwinkeln ist zeit- und personalintensiv und damit teuer. Digitale Medien und Informationen beschleunigen die Kommunikation; Schnelligkeit und Schnelllebigkeit in einem endlosen Strom von Informationen, Meinungen, Ein- und Ansichten sind die Folge.

4. Solidarität in digitalen Zeiten

Zu den bemerkenswerten Dummheiten in einem an Faseleien reichhaltigen digitalen Zeitalter zählt der Begriff der „Facebook-Revolution". Noch bevor die bewunderungswürdigen Aufstände des Arabischen Frühlings vor sieben Jahren brutal niedergeschlagen wurden, verband sich mit diesem Ausdruck der Eindruck, diese praktische Solidarität sei überhaupt erst durch das Vorhandensein digitaler Netzwerke möglich geworden. Es musste erscheinen, als lebten wir in einer Epoche, in der Menschen über den ganzen Erdball hinweg miteinander kommunizieren und auf diese Weise gemeinsame Interessen artikulieren und durchsetzen können. Manch einer mochte vielleicht sogar glauben, allein durch die Benutzung des eigenen Smartphones Teil einer weltweiten Freiheitsbewegung zu sein.

Nun lässt sich nicht bestreiten, dass Menschen tatsächlich über den ganzen Erdball hinweg kommunizieren. Wo immer wir uns hinwenden – in Zügen, Cafés, Betrieben, Büros, Privatwohnungen, Parkanlagen, an Stränden und in vorbeifahrenden Autos – überall sehen wir Leute telefonieren und Texte in Smartphones und Tablets eintippen. Wir wissen aufgrund unserer eigenen Nutzungsgewohnheiten, dass sich die versendeten Nachrichten immer häufiger an immer weiter entfernte Personen, Betriebe und Institutionen richten, dass ständig Menschen mit Menschen kommunizieren, mit denen sie zu früheren Zeiten niemals in Kontakt getreten wären.

Doch die Kehrseite dieser Bilanz sieht weniger hoffnungsfroh aus: In Deutschland, Europa und auf der ganzen Welt werden immer weniger gemeinsame Interessen vertreten. Gerade in der Arbeitswelt stoßen wir immer deutlicher auf eine fremde und scheinbar unüberwindliche Macht der Konkurrenz, wegen der wir in immer kürzerer Zeit immer mehr leisten und unsere Arbeitsabläufe immer schneller verändern müssen. Dabei wächst permanent die Gefahr, dass wir unsere Arbeit verlieren oder sie unter miesen Bedingungen zu immer schlechterer Bezahlung anbieten müssen. Es scheint, als würden die Menschen, mit denen wir eben noch freundlich kommuniziert haben, in der richtigen Wirklichkeit zu Feinden werden, die unsere Existenz durch ein ähnliches Anpassungshandeln bedrohen und gegen die wir uns wiederum nur gegen unsere eigenen Interessen zur Wehr setzen können. Kommunikation und weltweite Vernetzung führen also offensichtlich nicht von selbst zu Solidarität.

Aber was ist Solidarität überhaupt und was hat sie mit Industrie 4.0 und mit weltweiter digitaler Vernetzung zu tun?

Die vielleicht berühmteste Definition von Solidarität stammt – obwohl das Wort selbst nicht darin vorkommt – von Karl Marx und ist nun schon älter als 170 Jahre. Hier heißt es:

„Die ökonomischen Verhältnisse haben zuerst die Masse der Bevölkerung in Arbeiter verwandelt. Die Herrschaft des Kapitals hat für diese Masse eine gemeinsame Situation, gemeinsame

Interessen geschaffen. So ist diese Masse bereits eine Klasse gegenüber dem Kapital, aber noch nicht für sich selbst. [Im] Kampf (...) findet sich diese Masse zusammen, konstituiert sie sich als Klasse für sich selbst. Die Interessen, welche sie verteidigt, werden Klasseninteressen. Aber der Kampf von Klasse gegen Klasse ist ein politischer Kampf.[37]

Natürlich stellt sich die Frage, ob dies auch im digitalen Zeitalter noch Gültigkeit hat: Solidarität, so lässt sich aus diesem Zitat ablesen, kann nur auf der Grundlage gemeinsamer Interessen entstehen. Sind solche gemeinsamen Interessen heute vorhanden? Selbstverständlich. Gerade die Tatsache, dass weltweit Menschen zu immer schlechteren Bedingungen arbeiten müssen, während sich der gesellschaftliche Reichtum immer mehr in den Händen von immer weniger Superreichen konzentriert, verleiht ein gemeinsames Interesse. Kein Mensch müsste um seinen Arbeitsplatz fürchten und die Arbeitsbedingungen wären mit Sicherheit besser, wenn alle zusammenhielten. Doch die arbeitenden Menschen denken und handeln weltweit anders.

Entgegen allem Zweifel, den Journalisten, Soziologen und Arbeitgebervertreter verbreiten, gibt es also natürlich auch heute eine weltweite Arbeiterklasse. Um dies zu verstehen, muss man nur ein gemeinsames Interesse nach guter Arbeit zu arbeitnehmerorientierten Bedingungen erkennen, das im Gegensatz zu den Verwertungsinteressen von Großunternehmen steht. Diese „Arbeiterklasse" ist sogar weitaus größer als vor 170 Jahren, auch wenn die Menschen heute und auch zukünftig vielfach andere Arbeiten verrichten, die nicht mehr dem klassischen Bild des körperlich Schaffenden entsprechen. Doch die, die dieser modernen Arbeiterklasse angehören, scheinen dieses gemeinsame Interesse nicht zu empfinden, denn in ihrer täglichen Arbeit kämpfen sie eher gegen- als miteinander. Eine weltweite Arbeiterklasse existiert also faktisch, jedoch nicht in den Augen und Gedanken der Arbeiter, nicht als „Klasse für sich selbst". Warum?

Dies ist auch im digitalen Zeitalter eine Frage des Ortes und des Inhalts von Arbeit und Kom-

---

37 Karl Marx (1847): Das Elend der Philosophie. Antwort auf Proudhons „Philosophie des Elends". Siehe: MEW 4: S. 180 f.

munikation. Denn Menschen handeln oft so, wie sie denken. Doch ihre Gedanken wachsen nicht einfach von selbst in den Köpfen. Gedanken sind innere Reaktionen auf das, was wir erfahren, und damit auch Produkte der Art und Weise, in der wir die Welt erleben.

„Die Großindustrie bringt eine Menge einander unbekannter Leute an einem Ort zusammen. Die Konkurrenz spaltet sie in ihren Interessen; aber die Aufrechterhaltung des Lohnes, dieses gemeinsame Interesse gegenüber ihrem Meister, vereinigt sie in einem gemeinsamen Gedanken des Widerstandes – Koalition",[38] schrieb Karl Marx 1847. Tatsächlich hatte die Ausbreitung des Kapitalismus neue Erlebnis-, Denk- und damit auch Handlungsmöglichkeiten geschaffen. Standen Handwerker, Landarbeiter und Tagelöhner zuvor noch allein vor ihren Herren und Vorgesetzten, so erlebten sie sich nun als Teil einer Masse, die an Fabriktoren, Fließbändern, in Mietskasernen und beim Feierabendbier in der Kneipe aufeinandertraf. Diese Gemeinsamkeit ließ sie Möglichkeiten eines kollektiven Kampfes erkennen. Und mit jedem Streik, jeder Demonstration und jeder erkämpften Lohnerhöhung begannen sie die Welt als gemeinsame Welt zu erkennen, woraus wieder neue Ideen und Handlungsmöglichkeiten entstanden.

Heute dagegen erleben wir die Welt immer weniger als gemeinsame Arbeitswelt: Immer mehr Kollegen und Kolleginnen arbeiten ausgegliedert in kleineren Subunternehmen, vernetzt in Betriebsteilen am anderen Ende der Welt oder auf Plattformen außerhalb von Betrieben. Andere werden durch den Kollegen Roboter bzw. ein autonomes Softwaresystem ersetzt. Sie werden für uns unsichtbar, weil wir sie nicht sehen und uns nicht mit ihnen auseinandersetzen können. Weitere Kollegen und Kolleginnen haben befristete Arbeitsverträge und tauchen als Leiharbeitende, Minijobber oder Selbständige viel zu kurz in unserer Arbeitsumgebung auf. Dies mag man als Ausdruck einer neuen Dienstleistungsgesellschaft ansehen. Und auch wenn zuweilen der Eindruck aus der Welt ist: Tatsächlich arbeiten all diese Menschen häufig gemeinsam an der Herstellung, dem Transport und dem Verkauf ein und desselben Produkts.

Die neue Arbeitsteilung 4.0 ist eine digitale Arbeitsteilung, in der wir kommunizieren, ohne uns dabei zu treffen. Werkstoffe, Maschinen und Produkte sprechen für sich und nehmen uns dabei die Möglichkeit, die Gemeinsamkeit unserer Lage bewusst zu erleben.

Als Garant für unsere Interessenvertretung bauen wir seit Jahrzehnten auf die betriebliche Mitbestimmung. Doch sie trägt den Ort ihres Wirkens schon in ihrem Namen. Was kann sie uns nutzen, wenn sich betriebliche Strukturen durch weltweit gespannte Netzwerke Stück für Stück auflösen? Müsste anstelle dessen nicht ein Ersatz treten, der dieses Problem in den Griff bekommt? Etwas, das die Offlinewelt des alten Betriebes mit seinen traditionell soliden Beziehungen mit den neuen virtuellen Welten zukünftiger Betriebsstrukturen und immer loseren zwischenmenschlichen Erfahrungswelten verbindet?[39]

---

38 Ebenda
39 Zum Weiterlesen: Giesen/Kersten (2017): Arbeit 4.0. Arbeitsbeziehungen und Arbeitsrecht in der digitalen Welt. München.

Denn auf der anderen Seite versprechen Arbeitgeber einander längst siegessicher, die Chancen der Digitalisierung effektiv zu nutzen. Hier ist man sich einig, Arbeit nicht nur räumlich, sondern auch zeitlich zu entgrenzen, Arbeitnehmerrechte nicht weiter auszubauen und sie nicht zum Hemmnis der evolutionär anmutenden Technologieentwicklung werden zu lassen. Hier ist man sich gemeinsamer Interessen sehr wohl bewusst.[40]

Aber auch angesichts dieser strategischen Geschlossenheit auf Arbeitgeberseite wird der Kampf für kollektive Interessen von vielen Kollegen und Kolleginnen als Relikt aus den frühen Tagen der Arbeiterbewegung betrachtet: Ist denn überhaupt eine Arbeiterklasse noch etwas für eine Zeit, in der jeder sich größtmöglicher Individualität rühmen möchte? Wir sagen zwar, es gäbe noch sowas wie eine Arbeiterklasse „an sich", weil ja „an sich" an der ökonomischen Basis nichts grundlegend Neues zu verzeichnen ist. Aber wie sieht es aus mit den modernen Arbeitnehmern und Arbeitnehmerinnen? Ist nicht die lebenslange Bindung an politische Parteien, Vereine, Institutionen und vor allem Gewerkschaften bereits von der Wirklichkeit überholt worden? Gibt es nicht längst eine neue Engagementkultur, die sich vielfältig mit punktuellen, projektförmigen bzw. sach- und einzelfallbezogenen Aspekten beschäftigt, die sich auch mal zum Event ausbauen lassen? Die Politik ist im Großen und Ganzen ja so komplex – da erkämpft man besser kleine Siege für das ganz große Gefühl, für den kleinen gemeinsamen Moment. Ein langer Atem zum Durchhalten für Durststrecken würde da schon eher das neue Erfolgserlebnis verhindern.

Doch wo neue Formen sozialen Zusammenhalts nicht mehr von geschlossenen Verbindlichkeiten und Ideologien, sondern von spontan auftauchenden Gelegenheiten abhängen, steht es schlecht um die Solidarität. Und woher kommt doch gleich dieser Begriff der Solidarität: Ich glaube aus dem Latein! „Solidus", das heißt sowas wie „fest". Solide Verbindungen, solide Strukturen und solide Institutionen – das scheint eine Basis zu sein für solidarisches Handeln. Aber haben wir es heute nicht mit reichlich losem Stückwerk auf allen Ebenen zu tun, wo man sich selbst am Nächsten steht? Und was die Arbeitsverhältnisse betrifft? Na, meine Arbeitsverhältnisse kenne ich selbst am besten… also vertrete ich die damit verbundenen Interessen auch selbst.[41]

Fragt sich nur, wo wir uns heute und zukünftig unserer gemeinsamen Interessen als Basis solidarischen Handelns bewusstwerden? Wo wir früher gemeinsam im Zug und in der Kneipe saßen, unser Leben miteinander teilten und erlebten, dass die Probleme und Wünsche unserer Kollegen und Kolleginnen, unserer Nachbarn ganz ähnlich wie unsere eigenen waren, da sitzen wir heute alleine im Auto oder betatschen Touchscreens diverser Endgeräte und kommunizieren mit

---

40 Siehe auch: BDA. Die Arbeitgeber (2015): Chancen der Digitalisierung nutzen. Positionspapier der BDA zur Digitali-sierung von Wirtschaft und Arbeitswelt. Siehe: https://www.arbeitgeber.de/www/arbeitgeber.nsf/res/BDA_Chancen_Digitalisierung.pdf/$file/BDA_Chancen_Digitalisierung.pdf; letzter Zugriff: 03.04.2018.

Zum Weiterlesen: Urban, H.-J. (2016): Arbeiten in der Wirtschaft 4.0. Über kapitalistische Rationalisierung und digitale Humanisierung. In: Jahrbuch Gute Arbeit 2016. Digitale Arbeitswelt. Trends und Anforderungen. Frank-furt am Main

41 Zum Weiterlesen: Stalder, F. (2012): Digitale Solidarität. Berlin.

Menschen, die sich als alles Mögliche, nur nicht als unsere Kollegen und Kolleginnen zu erkennen geben. Und wenn wir dann aufschauen in den leeren Raum unseres wirklichen Schicksals, dann sind wir mit unserem Leben allein – und das trotz der schier universellen Verfügbarkeit immer smarterer digitaler Kommunikationstools.

Warum führt diese neue Form der Vernetzung im Privaten nicht automatisch zu neuen Formen des Austauschs? Warum teilen wir unser Schicksal nicht miteinander und warum entsteht keine „Facebook-Revolution"? Dies hat bei der Arbeit und im Privatleben offensichtlich häufig mit den Inhalten und der Folgenlosigkeit unseres Kommunikationsverhaltens zu tun. So ist an die Stelle der Geistlosigkeit einer früheren Bandarbeit, bei der ein Arbeiter jahrein, jahraus dieselbe Handbewegung ausführte, eine viel kompliziertere Entfremdung getreten. Denn der digital vernetzte und hoch spezialisierte Arbeiter entwickelt die Vorstellung, etwas Besonderes zu sein. Seine Arbeit ist heute viel mehr an sein Fachwissen als an die reine Muskelkraft gebunden. Er erfindet oder erstellt ein Produkt ganz nach den besonderen Wünschen des Kunden. „On demand" montiert er ausgewählte Radkappen, Navigationssysteme und Klimaanlagen zu einem individuell ausgewählten Ensemble. Dabei kommuniziert er nicht nur mit Menschen, sondern auch mit Computerprogrammen, arbeitserleichternden Hilfsmitteln, Werkstoffen und Teilprodukten, die wiederum miteinander vernetzt kommunizieren. Das erscheint hoch komplex: Und doch ist er ebenso austauschbar wie sein Ahnherr, der Bandarbeiter.[42]

Schlimmer noch – die massenweise angesammelten Daten über ihn und seine Arbeit machen ihn zu einem gläsernen Mitarbeiter, dessen Leistung sicherlich noch optimiert werden kann, wo solidarisches Handeln ihm nicht das gläserne Rückgrat stärkt. Der eben noch mit großem Selbstbewusstsein Ausgestattete wird leichter als gedacht als Einsparpotential identifiziert, denn die digitale Welt hat mitunter den Alltagsräumen Zeit und Ort für die Gestaltung menschlicher Beziehungen genommen. Kein Lächeln, keine Traurigkeit oder Müdigkeit in den Augen und kein gemeinsames Erlebnis erweitert die Funktion unserer vernetzten Beziehung. Der Andere ist keine alleinerziehende Mutter, kein verzweifelter Leiharbeiter und schon gar kein Kollege. Er ist Controller, Subunternehmer oder Auslieferungsfahrer. Sonst nichts. Er unterscheidet sich kaum von dem Barcode auf der Verpackung. „Liebe Grüße" schreibt er unter den Befehl, den er uns übermittelt. „Sehr gerne" antworten wir und gehorchen.

Doch wie steht es mit Freizeit 4.0 und einer Solidarität 4.0 außerhalb des Betriebs? Auch jenseits der neuen Arbeitswelt treten die Menschen als das in Kontakt, was sie füreinander sind. Doch was sind User, Follower, Liker oder Twitterer füreinander? Abgesehen davon, dass auch diese Kommunikation überwacht wird, Algorithmen unsere Konsuminteressen errechnen und es jederzeit möglich ist, jeden widerständigen Geist zu identifizieren, stellt sich die Frage, nach

---

42 Zum Weiterlesen: Becker, M. M. (2017): Automatisierung und Ausbeutung. Was wird aus der Arbeit im digitalen Kapitalismus? Wien.

der Art unserer Online-Beziehungen. Hier gibt es zunächst die verbreitet genutzte Möglichkeit, uns und unsere Existenz zu beschönigen. So können wir uns auf digitalen Kontaktbörsen jünger, attraktiver und erfolgreicher darstellen (bis uns diese Online-Maskerade in einem Café oder auf einem Bahnsteig von der Wirklichkeit heruntergerissen wird).

Doch selbst, wenn wir versuchen ehrlich zu sein, so kann eine gepostete Welt ihre Wirklichkeit nicht ersetzen. Es ist eben ein Unterschied, ob ich eine Wohnung betrete und dort erlebe, wie eine Familie miteinander umgeht oder ob ich lese, dass jemand zwei Kinder hat und ich ein Bild von einem gemeinsamen Fahrradausflug ansehe. Die Wirklichkeit ist komplex. In jedem Wort, jedem Blick und jeder Bewegung sind Sorgen, Enttäuschung und Hoffnung enthalten, die Fragen, Interesse, Anteilnahme und Empfindungen von Solidarität aufwerfen können. Das kann ein Chat und ein gepostetes Bild niemals leisten. Außerdem: Wie existent sind all diese Fremden, mit denen wir in vernetzte Beziehungen treten? Welchen Grund gäbe es, sich für sie, ihr Leben und ihre Interessen zu engagieren im Gegensatz zu dem, was wir für unsere Kollegen und Kolleginnen, Nachbarn oder Nachbarinnen und Angehörigen empfinden?

Wenn wir genau hinschauen, dann sehen wir deutlich, wie die digitale Welt unser Weltbild zerstückelt. Protest und soziales Engagement, die im Internet ausgetragen werden, richtet sich immer mehr nur auf einzelne Punkte: Shitstorms gegen einzelne Menschen, Resolutionen im Rahmen einzelner Themen wie TTIP oder dem Bahnhofsbau Stuttgart 21, aber eben leider auch gegen stigmatisierte Gruppen wie Geflüchtete oder Hartz-IV-Empfänger. Doch es lässt sich nur wenig finden, wo Menschen das Internet nutzen, um ihre Zukunft und ein ganzes gemeinsames Leben zu gestalten. Solche Solidarität scheint sich immer mehr auf die kleine Welt der erlebten Wirklichkeit – Familie, Nachbarschaft und Betriebsbelegschaften – zurückzuziehen. Und es scheint, als wäre wirkliche Mitmenschlichkeit bald wieder in das kleine Lebensumfeld zurückgeworfen, auf das sie schon vor der Industrialisierung begrenzt war.

Insofern bringt die digitale Welt nichts anderes als die Beziehungen zum Ausdruck, die wir in ihr und in der sozialen Welt miteinander eingehen. Sie fügt ihnen von sich aus nichts Neues hinzu, außer dass sie an die Stelle einer sozialen Wirklichkeit tritt, die sie als solche niemals ersetzen kann. Sie bringt jedoch überall eine neue Oberflächlichkeit in die Welt, wo sie die Auseinandersetzung mit einem gemeinsamen Schicksal zurückdrängt.

Heißt das, dass es eine Solidarität 4.0 gar nicht geben kann? Nein. Das heißt es nicht. Sie ist sogar dringend notwendig. Denn der Rückzug in die Heimeligkeit einer kleinen Welt privater und unmittelbarer Kontakte ist im Kontext einer globalisierten Weltwirtschaft Illusion. Wo Konzerne, Maschinen und Produkte weltweit miteinander kommunizieren, können wir aus der familiären Idylle unmittelbarer Beziehungen heraus wenig bewegen. Erst, wenn wir wieder unmittelbare Kontakte zu denen aufbauen, die in smarten Vernetzungsstrukturen ohnehin fast unsichtbar für uns trotzdem mit uns in gleichen Wertschöpfungsketten arbeiten, mit denen wir unser Schicksal teilen, wenn wir über die Grenzen von Belegschaften hinaus in Beziehungen treten, haben wir in der digitalen Welt etwas mitzuteilen und anzubieten. Erst wer die Interessen von Kollegen und Kolleginnen außerhalb des eigenen Betriebs hinter sich weiß, kann auf andere solidarische Netzwerker und -werkerinnen zugehen und mit ihnen gemeinsam globale Strategien entwickeln. Erst dann können wir überhaupt zu erahnen beginnen, wie eine solidarische Gesellschaft in der globalen Welt aussehen könnte. Ihr künftiges Gesicht kann sich niemand ausdenken. Utopien entstehen im Handeln und im Erleben von gemeinsamer Veränderung.

Ein Kommunikationsmedium allein aber kann keine Erfahrung und auch keine Botschaft hervorbringen. Doch mit jeder Sekunde, die wir neugierig außerhalb dieses Netzwerks erleben, gewinnen wir etwas, was wir in diesem Netzwerk mitteilen können.

Genau das haben die Aktivisten des Arabischen Frühlings getan. Sie haben Facebook genutzt, um sich über etwas abzustimmen, was sie außerhalb dieses Netzes in die Welt gebracht hatten. Und für den kurzen Moment des Arabischen Frühlings ist es darum tatsächlich ihre digitale Welt gewesen, die sie mit ihren Inhalten gestalten und für ihre Inhalte nutzen konnten. Das allerdings hat sie ebenso wenig vor Überwachung und Repression schützen können, wie sich damit verhindern ließ, dass das Internet abgeschaltet wurde …

Die Welt funktioniert auch im digitalen Zeitalter noch immer nach kapitalistischen Spielregeln, die durch die Industrie 4.0 ein vermeintlich komplexeres Antlitz erhalten haben. Jetzt kommt es auf uns an, wieder ins Spiel zu kommen, indem wir diese Regeln begreifen und selbst gestalten.

5. Ausblick: Gewerkschaften im Digitalisierungsprozess

Gestalten setzt voraus zu wissen was man will. Wie immer, wenn etwas Neues passiert, sind wir uns erst einmal nicht klar darüber, ob wir es nun gut oder schlecht finden sollen. Einerseits begeistern uns Digitalisierung und Industrie 4.0 mit ihren technischen Möglichkeiten und lassen uns staunen. Der Mensch wird in seinen begrenzten körperlichen und geistigen Möglichkeiten wieder einmal vor völlig neue Möglichkeiten gestellt. Wir befinden uns in einem Moment technischen Umbruchs, der zugleich zu einem Moment gesellschaftlichen Umbruchs wird. Denn mit der Technik verändern sich auch unsere Gewohnheiten und Gewissheiten zu leben, zu arbeiten und uns mit der Welt auseinanderzusetzen. Wir kommunizieren nicht nur mit Menschen, die wir unter anderen Umständen niemals kennen lernen und erreichen könnten. Wir kommunizieren auch mit Maschinen und diese Maschinen kommunizieren wieder mit anderen Maschinen, ohne dass wir etwas damit zu tun zu haben scheinen. Bei der Betrachtung dieser technischen Umbruchssituation können wir uns ablenken lassen durch die Faszination, die neue technische Möglichkeiten in sich bergen. Doch gleichzeitig macht diese Entwicklung auch Angst, denn sie hat etwas Unkontrollierbares. Sind es noch wir Menschen, die unser Leben und unsere Zukunft gestalten? Die neuen Maschinen scheinen es an unserer Stelle zu tun und mit rasender Geschwindigkeit eine völlig veränderte Wirklichkeit zu erschaffen, der wir uns nur noch anpassen können.

Die Bundesvereinigung der Deutschen Arbeitgeberverbände ist weniger überrascht bei der Betrachtung des marktfixierten Potentials einer kapitalistischen Rationalisierung durch die Digitalisierung. Hier wird die Gunst der digitalen Stunde kräftig genutzt!

Sollte etwa die Mitbestimmung die technologische Modernisierung verzögern? – Nicht doch: Können wir uns als Standort Deutschland gar nicht leisten! Die Zukunft liegt vor uns, wenn wir stattdessen endlich einmal fortschrittlich denken. Permanently-Online-Permanently-Connected ist das neue Normal – eine Umstellung des Arbeitszeitgesetzes von der täglichen auf die wöchentliche Höchstarbeitszeit? Warum nicht: Das menschliche Maß ist ökonomisch ohnehin schwer vertretbar und wird schon maßlos geschützt durch Gesetze zum Thema psychischer und physischer Belastungen! Und wer auch zuhause zu allen Zeiten arbeiten darf, kann doch Arbeit und Leben viel besser vereinbaren. Wie wäre es zusätzlich mit einem Ausbau der Möglichkeiten sachgrundloser Befristung? Gestaltungsbedarf bei der Arbeit in der Crowd? – Haben wir nicht! Werk- und Dienstverträge werden doch schon viel zu streng reguliert! Lassen wir uns ein auf Arbeit 4.0 als einen großen Experimentierraum – flexible Spannung vorprogrammiert.[43]

Nun ist diese Bedrohung unserer Arbeitsplätze, der Bedingungen, unter den wir arbeiten und unseres Lebensstandards durch den Prozess Industrie 4.0 eigentlich wenig erstaunlich. Denn was

---

43 BDA, Die Arbeitgeber (2015): Chancen der Digitalisierung nutzen. Positionspapier der BDA zur Digitalisierung von Wirtschaft und Arbeitswelt.

ist denn der Grund, warum Unternehmen auf erneuerte Technologien setzen? Wohl kaum das Verlangen, uns das Leben zu erleichtern. Unternehmen führen neue Technologien schon immer nur aus zwei Gründen ein:

1.) Um rationeller, effizienter und kostensparender produzieren zu können. Der Hauptkostenfaktor bei der Produktion von Gütern und Dienstleistungen ist und bleibt der Mensch. Anschaffungen von Maschinen und Computern amortisieren sich mit der Zeit. Lohnkosten müssen Monat für Monat aufs Neue bezahlt werden. Gegen diese „Belastung" gibt es aus Unternehmersicht nur zwei Mittel: Entweder weniger Menschen zu beschäftigen, indem man den Einsatz menschlicher Arbeitskraft durch neue Technologien überflüssiger macht oder eine effizientere Ausbeutung der menschlichen Arbeit durch niedrigere Löhne, schnellere Arbeitsabläufe und längere Arbeitszeiten. Dass die deutschen Unternehmer mit Industrie 4.0 beides umsetzen wollen, ist nicht erstaunlich. Sie haben diese Ziele schon immer und bei jeder technischen Neuerung verfolgt.

2.) Weil auf dem Markt eine veränderte Nachfrage nach neuen Produkten, in diesem Falle nach Smartphones, Tablets und digitalen Steuerungsinstrumenten entsteht, die mit veränderten Technologien bedient werden müssen. Wäre dies nicht so, sähe unsere Welt heute vollkommen anders aus. Vor 200 Jahren arbeiteten mehr als 60% der Menschen in Deutschland im primären Sektor der Landwirtschaft. 2017 waren es nur noch 1,4%. Obwohl unsere Ernährung auch durch Importe aus dem Ausland gesichert wird und auch wenn sich die Bevölkerung seitdem vervierfacht hat, lässt sich doch sagen: Wären unsere Konsumgewohnheiten unverändert geblieben, dann hätten wir alle nur noch wenige Stunden pro Woche zu arbeiten. Dass wir trotzdem immer noch jeden Tag schuften, liegt daran, dass neue Bedürfnisse entstanden sind, die durch neue Produkte bedient werden müssen.

Auf Industrie 4.0 setzen, kann also heißen, Löhne zu senken und Arbeit noch effektiver zu machen, wobei Gewerkschaften, Tarifvereinbarungen und Arbeitsschutzgesetze im Weg sind. Doch das Arbeitgeberinteresse, eine veränderte Nachfrage zu bedienen, kann sich nur umsetzen, wenn es auch jemanden gibt, der diese neuen Produkte auch kauft. Sinken dagegen die Löhne und haben immer weniger Menschen eine anständig bezahlte Arbeit, so sinkt die Kaufkraft, die Unternehmen bleiben auf ihren Produkten mit allen Konsequenzen sitzen, machen Pleite und werden weitere Arbeitnehmer entlassen. Das war schon immer und in allen Phasen technologischer Revolutionen so: Ohne gewerkschaftliche Gegenmacht wären die Wirtschaftskrisen im letzten Jahrhundert mit Sicherheit deutlich heftiger ausgefallen.

Wie aber muss eine solche gewerkschaftliche Gegenmacht heute aussehen? Wie bereiten sich Gewerkschaften auf Industrie 4.0 vor und wie wollen sie in diesem Prozess wieder die Oberhand gewinnen? Christiane Benner, zweite Vorsitzende der IG Metall, hat dazu einen „5-Punkte-Plan für innovative Mitbestimmung in der Industrie 4.0"[44] vorgelegt, der folgende Vorschläge beinhaltet: „1. Schafft flächendeckende Betriebslandkarten! 2. Qualifizierung, Qualifizierung, Qualifizierung! 3. Schützt die Daten der Beschäftigten! 4. Schutz vor physischer und psychischer Belastung! 5. Beteiligt die Beschäftigten!"

Diese fünf Vorschläge können es in sich haben. Doch es stellt sich die Frage, wie sie umgesetzt werden und mit welchen konkreten Inhalten sie gefüllt werden müssen.

Betriebslandkarten: Die Zahlen der Arbeitsplätze, die durch die Digitalisierung und Industrie 4.0 in Deutschland und in unseren Betrieben verloren gehen werden, sind schwer abschätzbar. Nach wie vor variieren entsprechenden Studien je nach Seriositätsgrad erheblich. Zusätzlich werden sich viele Berufsbilder erheblich verändern oder ganz verschwinden. Geht es nach Christiane Benner müssen wir nicht allein abhängig sein von globalen Studien, die abseits unseres Betriebes großflächige Untersuchungen anstellen. Wir können als Experten in Sachen unserer eigenen Arbeit unseren Betrieb auf den Prüfstand stellen und mit ganzen Betriebslandkarten Gefahrenpotentiale und Entwicklungschancen der Digitalisierung vor Ort für jeden einzelnen Bereich und jede Berufsgruppe entdecken. Damit können wir Mitspracherechte bei der Gestaltung der Arbeit der Zukunft aktiv im Vorfeld einzufordern, denn *„Industrie 4.0 muss ihren gesellschaftlichen Nutzen unter Beweis stellen. Reine Rationalisierungsstrategie in schöne Bilder von glücklichen Menschen verpackt – das ist deutlich zu wenig. Und Gewerkschaften und Betriebsräte sind hier keine Akzeptanzbeschaffer. Sie wollen ihre Gestaltungsansprüche an Arbeit 4.0 verwirklicht sehen.",* so Jörg Hofmann, erster Vorsitzender der IG Metall auf der Hannover Messe 2015. Aber reicht eine Betriebslandkarte, um tatsächlich die Digitalisierung eher zu einer „Humanisierung von unten" statt zu einer „Rationalisierung von oben" werden zu lassen?

Hier sind zumindest Zweifel angebracht. Denn zunächst einmal lässt sich festhalten: Unabhängig davon, welche Tätigkeiten durch neue Berufe ersetzt werden, welche Branchen entstehen oder verschwinden – Industrie 4.0 wird insgesamt zu einem Abbau von Arbeitsplätzen führen. Sonst würde sie von den Unternehmen nicht umgesetzt. Dabei macht es natürlich Sinn, die damit verbundenen Risiken für einzelne Betriebe und Branchen abzuschätzen und vor allem den Jubelmeldungen der Arbeitgeber eine gesamtgesellschaftliche Risikoeinschätzung entgegenzustellen. Doch eine solche Analyse kann nicht auf der Ebene von Betrieben und Branchen stehen bleiben. Sie muss sich mit einer Diskussion um flächendeckende Arbeitszeitverkürzung und den Kampf um vollen Lohnausgleich für alle Beschäftigten verbinden lassen.

Qualifizierung, Qualifizierung, Qualifizierung! Wenn sich mit technologischen Erneuerungen neue Berufsbilder und Anforderungen verbinden, müssen sich auch die Aus- und Weiterbil-

---

44 Benner, C. (2018): Ziele und Gestaltungsfelder der IG Metall – Arbeiten in der Industrie 4.0, Präsentation von Chris-tiane Benner, Zweite Vorsitzende der IG Metall

dungsangebote verändern, erweitern und anpassen. Wer nur für die Arbeit mit einer veralteten Technologie ausbildet, wird zusammen mit der Maschine, an der er arbeitet verschrottet und abgeschrieben. Wie aber soll sie aussehen, die Qualifizierung 4.0, die verhindert, dass Kollegen und Kolleginnen vom Verlust ihres Arbeitsplatzes bedroht sind? Haben Gewerkschaften bereits eine Vision von der Arbeit der Zukunft und damit eine Vorstellung von der Neugestaltung der Ausbildung der Gegenwart? Vor welche Anpassungsleistungen stellt uns die digitale Arbeitswelt im lebenslänglichen Lernprozess? Werden wir uns zukünftig permanent an technische Entwicklungen anpassen müssen, wo nur noch diejenigen mitlaufen werden können, denen diese Leistung gelingt? Werden wir in der Arbeit mit Maschinen noch Herren über diese sein, oder werden wir trotz höherer Qualifizierung an Autonomie verlieren, wenn wir die Maschine nur noch beobachten?

Qualifizierung entscheidet zentral darüber, ob Industrie 4.0 zu einem Prozess wird, der über unser Leben bestimmt oder zu einem Prozess, den wir nutzen können, um über uns Selbst, über unser Leben, den Sinn und die Form unserer Arbeit bestimmen zu können. Das macht sich schon an der Frage fest, ob wir uns dazu ausbilden lassen wollen, eine Maschine „bedienen" zu können. Maschine, Hard- und Software sollten doch eigentlich dazu da sein, unser selbstbestimmtes Leben lebenswerter zu machen. Diskussionen und Verhandlungen um Qualifizierung verbinden sich mit der Frage, als was, in welcher Art und mit welchem Sinn und zu welchem Zweck wir überhaupt arbeiten werden. Können wir mit darüber bestimmen, was wir produzieren? Werden wir selbst über die Form unserer Arbeit bestimmen oder wird es der Computer tun? Werden wir über den Inhalt unserer Kommunikation entscheiden oder wird uns dieser Inhalt vorgegeben? Insgesamt muss sich Qualifizierung 4.0 darum unbedingt mit einer Diskussion verbinden, wie die digitale Fabrik einmal aussehen soll, welche betriebliche und gesellschaftliche Mitbestimmung sich in ihr abbildet und wie wir eine digitale Demokratie verwirklichen können, in der nicht wir die Maschine bedienen, sondern uns die Maschine bei der Verwirklichung unserer Ziele unterstützt. Das beinhaltet aber auch die Frage nach der Teilhabe an Qualifizierung.

Läuft alles so weiter wie bisher, dann lässt sich absehen, dass sich der Arbeitsmarkt in folgender Weise verändert: Hochqualifizierte Beschäftigung auf der einen Seite wird auf der anderen Seite von Beschäftigung begleitet werden, die nur niedrige Qualifikationen benötigt, die aber zu billig ist, um von teuren Maschinen und Robotern erledigt zu werden. Die Mitte dünnt aus. Wenn aber Digitalisierung zu einer Reduzierung der benötigten Arbeitszeit führen wird und sich damit auch körperlich belastende Arbeiten abbauen lassen, dann muss auch gewährleistet sein, dass alle daran teilhaben können. Es geht also nicht nur um eine veränderte Verteilung von Arbeit, sondern auch um eine demokratische Verteilung von Bildung und Qualifizierung und die lässt sich nur dann umsetzen, wenn wir über die Art und Weise von Produktionsabläufen, die Ausrichtung von Berufen und die Nutzung von Produktivitätssteigerungen mitbestimmen können.

Dennoch: „Qualifizierung, Qualifizierung, Qualifizierung" ist als Forderung erstmal nicht schlecht! Es wäre aber zu überlegen, vielleicht wenigstens einmal „Qualifizierung" zu streichen und an seine Stelle ein „Selbstbestimmt" zu setzen, damit wir dabei die eigenständige und selbstbewusste Persönlichkeit des Menschen nicht außer Acht lassen, der zu Recht eigenständigen Sinn in seiner Arbeit sucht. Die permanente Bildung sollte nicht zum dauerhaften und vor allem individuellen Stressfaktor werden. Und nebenbei gefragt: Wer zahlt für Weiterbildung und Qualifikation?

Schützt die Daten der Beschäftigten! Wie aber soll die Arbeit der Zukunft Teilhabeansprüche und Bedürfnisse befriedigen, wenn Big Data soziale Zusammenhänge auf algorithmisch berechenbare Kontexte zuschneidet? Big Data erlaubt neue Formen der Entmachtung Erwerbstätiger, die sich in ihrem subjektiven Empfinden immer häufiger kontrolliert und überwacht fühlen. Was zuerst harmlos als technisches Hilfsmittel daherkommt, wird zugleich zu einem praktischen Tool der Leistungs- und Verhaltenskontrolle. Damit reagiert die Forderung nach Datenschutz auf ungeheuerliche Überwachungsszenarien, wie wir sie längst aus Unternehmen wie Amazon kennen. Die digitalen Maschinen erscheinen so beständig wie Marmor: Jeder Schritt, den ein Beschäftigter einmal gegangen ist, jedes Wort, das er eingetippt hat, der Abdruck seiner Finger, die Züge seines Gesichts sind für immer in Datenbanken verewigt und können zu gegebener Zeit gegen ihn verwendet werden. Sicher ist es vernünftig, diese Daten zu schützen. Aber funktioniert so etwas überhaupt? Es vergeht kaum ein Tag, an dem in den Medien nicht über die heimliche Weitergabe von Daten, das Hacken von Datenbanken und über die Manipulationen von Software berichtet wird. Sind die entsprechenden Systeme einmal installiert, ist es mit wenigen Clicks einfach, sie für die Betroffenen unsichtbar zu speichern und an andere Stellen weiterzuleiten.

Datenschutz ist darum trotzdem notwendig, aber nur da wo überhaupt Daten erhoben werden. Der beste Datenschutz dagegen besteht schlichtweg darin, dass sie eben gar nicht erhoben werden. Er verbindet sich mit der unverzichtbaren Forderung, Scanner, Bewegungsmelder und Kameras abzuschaffen – und das nicht nur am Arbeitsplatz: Eine selbstbestimmte Digitalisierung muss mit einem entschiedenen Kampf gegen Facebook, Google und den digitalen Überwachungsstaat einhergehen.

Schutz vor psychischer und physischer Belastung: Was diesen Punkt angeht, ist Christine Benner bemerkenswert optimistisch. Sie sieht in Industrie 4.0 „…*in erster Linie die Chancen. In der Produktion können durch robotergestützte Tätigkeiten ergonomischere Arbeitsplätze entstehen. Zwangshaltungen, Überkopfarbeiten, belastende Tätigkeiten können in Kombination mit moderner Robotik minimiert werden.*"[45] Doch auch diese Vision ist von der Möglichkeit gestaltender Mitbestimmung abhängig. Denn auch hier gilt: Der Grund, warum die Unternehmen Industrie 4.0 umsetzen ist

---

45 FAZ (11.8.2015): Ist die Digitalisierung der Arbeit aus Ihrer Sicht eher Bedrohung oder Segen?

nicht der, dass sie ihre Beschäftigten vor belastender Arbeit schützen wollen. Außerdem weist die Entwicklung längst in eine gegenteilige Richtung: Gerade die Zahlen psychischer Erkrankungen von Arbeitnehmenden und Arbeitslosen und damit einhergehender Muskel-Skelett-Erkrankungen nehmen ganz offensichtlich unter dem Eindruck wachsender Arbeitsbelastung, zunehmenden Leistungsdrucks, befristeter Beschäftigung, ausufernder Wochenarbeitszeiten und wachsender Zukunftssorgen permanent zu.

Von einer Humanisierung der Arbeitswelt im Zeichen von Industrie 4.0 kann also nicht einfach so ausgegangen werden. Auch sie ist gebunden an einen betrieblichen und tarifpolitischen Kampf um die Gestaltung von Arbeitsplätzen und Arbeitsverträgen, der gerade im Zeichen von Outsourcingprozessen, Mobilem Arbeiten und Crowdworking auch immer ein gesamtgesellschaftlicher Kampf um die Gestaltung des Arbeitsrechts sein muss.

Beteiligt die Beschäftigten: Ambitionierte gewerkschaftliche Projekte stehen im strategischem Fokus! Aber ist die Zeit tatsächlich reif für eine humane Digitalisierung begleitet durch Arbeitszeitverkürzung und eine Neugestaltung des Sozialstaats, um auch alle Menschen in diesem Transformationsschritt mitzunehmen? Erodierende Flächentarifverträge, ein rückläufiger Organisationsgrad und Sektoren ohne Interessenvertretungen zeigen uns, dass diese Aufgabe keine leichte Aufgabe werden wird.[46] Und wie sieht es aus mit der notwendigen Solidarität unter Arbeitnehmenden, um derartige Prozesse mit ganzer Kraft zu begleiten? Dabei ist alles ganz einfach: Menschliche Kulturen befinden sich schon immer im Wandel mit zum Teil radikalen Veränderungen. Was wir erleben, ist nichts, was uns Angst machen sollte, schließlich hat die Gewerkschaftsbewegung im Verlauf der Industrialisierung schon viele Transformationsschritte des Kapitalismus durchlebt – und zum Teil ist sie daran auch gewachsen. Notwendig sind klare Vorstellungen von guter Arbeit und gutem Leben und die Fähigkeit Menschen zu solidarisieren – hieran entscheidet sich die Gestaltung der Zukunft.

* * *

Der sich auflehnende promethische[47] Mensch strebt weiter über das Entlehnen hinaus zum Erfinden; bemerkt darüber aber nicht, wie sich seine anverwandelten Möglichkeiten prothetisch mit ihm verbinden. Die Erweiterung wandelt sich zusehens zur Entfernung zu sich selbst: Zwischen Hammerschlag und Hand vermittelt ein Stil – zwischen Maschinen und Mensch unfassbare Programmzeilen.

---

46 Siehe auch: Urban, H.J. (2016): Arbeiten in der Wirtschaft 4.0. Über kapitalistische Rationalisierung und digitale Humanisierung. In: Schröder; Urban (Hrsg.): Gute Arbeit Ausgabe 2016. Digitale Arbeitswelt-Trends und Anforde-rungen, Frankfurt am Main.

47 Prometheus, Teil der griechischen Götterwelt stiehlt und bringt den Menschen das Feuer, das Zeus ihnen zuvor versagte. Er steht damit für Fortschritt und Zivilisation der Menschen.